BEI GRIN MACHT SICH IHR WISSEN BEZAHLT

- Wir veröffentlichen Ihre Hausarbeit,
  Bachelor- und Masterarbeit

- Ihr eigenes eBook und Buch -
  weltweit in allen wichtigen Shops

- Verdienen Sie an jedem Verkauf

Jetzt bei www.GRIN.com hochladen und kostenlos publizieren

Bibliografische Information der Deutschen Nationalbibliothek:

Die Deutsche Bibliothek verzeichnet diese Publikation in der Deutschen National-
bibliografie; detaillierte bibliografische Daten sind im Internet über http://dnb.d-
nb.de/ abrufbar.

Impressum:

Copyright © 2017 GRIN Verlag
Druck und Bindung: Books on Demand GmbH, Norderstedt Germany
ISBN: 9783668622913

Dieses Buch bei GRIN:

https://www.grin.com/document/388134

Lania Ali

Warum ist die Nutzung der Online-Kommunikation unabdingbar und inwieweit wird die Schriftsprache dadurch beeinflusst?

GRIN Verlag

GRIN - Your knowledge has value

Der GRIN Verlag publiziert seit 1998 wissenschaftliche Arbeiten von Studenten, Hochschullehrern und anderen Akademikern als eBook und gedrucktes Buch. Die Verlagswebsite www.grin.com ist die ideale Plattform zur Veröffentlichung von Hausarbeiten, Abschlussarbeiten, wissenschaftlichen Aufsätzen, Dissertationen und Fachbüchern.

Besuchen Sie uns im Internet:

http://www.grin.com/

http://www.facebook.com/grincom

http://www.twitter.com/grin_com

Inhaltsverzeichnis

1. Einleitung

1.1 Wandel der Kommunikationsformen

Die allererste Form der Kommunikation kennzeichnete sich durch die physische Präsenz der Kommunikationspartner und durch den verbalen Austausch von Informationen.

Die Technisierung begann im 19. Jahrhundert, als neue, schnellere Mittel zur Verbreitung von Informationen erfunden wurden. Nach und nach wurden Briefe durch Telefonate und Telefonate durch E-Mails ersetzt.[1]

Heutzutage ersetzen Online-Plattformen wie *Facebook, Twitter, Whatsapp und Co.* fast alle Formen der altbewährten Kommunikation, welche dadurch immer mehr an Bedeutung und Wert verlieren.

Mark Zuckerberg, Erfinder und CEO von *Facebook*, behauptete in dem Film *The social Network:* „Einst lebten wir auf dem Land, dann in Städten und von jetzt an im Netz".[2] Dadurch wird deutlich , dass der Wandel der Kommunikation einen großen Fortschritt gemacht hat und die Verbreitung von Informationen ohne diese digitalen Mittel nicht mehr möglich ist.

1.2 Persönliche Erfahrungen

Aus meinen persönlichen Erfahrungen entnehme ich, wie sehr Online-Communities zum Einen mein Kommunikationsverhalten, aber auch meine Ausdrucksweise beeinflussen.

Sich nach der Schule auf *Whatsapp* mit seinen Freunden zu unterhalten, auf *Instagram* Bilder von den eigenen Erlebnissen zu posten und auf *Facebook* das Leben mit seinen Freunden zu teilen, gehört mittlerweile zum Alltag.

Die sprachliche Richtigkeit verliert auf diesen Plattformen völlig an Bedeutung, wodurch ihr Stellenwert gemindert wird. Bei der Online-Kommunikation herrschen andere Werte, wie Geschwindigkeit oder Einfachheit, wobei die sprachliche Korrektheit nicht dazu gehört und durchaus verändert wird oder durch andere Mittel, wie zum Beispiel Emojis

---

1 Schürrmann, Richard:„Muster Facharbeit" (Abrufdatum: 17.10.2017)
2 Kokoska, Katharina: „Die 42 besten Zitate über das Internet" (Abrufdatum: 17.10.2017)

oder Emoticons, ersetzt wird, um diesen Werten zu entsprechen.

1.3 Vorgehensweise

In meiner Arbeit kläre ich die Frage, warum Online-Kommunikation unabdingbar ist und inwieweit die Sprache dadurch beeinflusst wird, indem ich zunächst verdeutliche, aus welchen Gründen diese neue Form der Kommunikation nicht mehr vermeidbar ist.

Darauffolgend stelle ich dar, wodurch die Online-Sprache auffällt und welche Auswirkungen dieser Wandel sowohl auf Sprache als auch auf Kommunikation haben könnte.

Anschließend veranschauliche ich das Modell von Peter Koch und Wulf Oesterreicher über das Konzept und Medium der Sprache und lege dar in welchem Maß die Sprache des Internets in dieses Modell einzuordnen ist.

Schlussendlich verdeutliche ich, wodurch sich die Diskrepanz zwischen der Chatsprache und der sprachlichen Korrektheit kennzeichnet und wie mit dieser umgegangen werden sollte.

Meine Hypothese legt die Vermutung nahe, dass für die Unabdingbarkeit des Internets hauptsächlich der Wandel der Technologie zuständig ist. Nun sind viel mehr Funktionen möglich, da man zum Beispiel online mit Freunden chatten[3] kann.

Zudem wird die Sprache wahrscheinlich hinsichtlich der Grammatik beeinflusst, wodurch eventuell eine Gefahr für die normgerechte Schriftsprache entstehen könnte. Demnach besteht die Kritik, dass die Sprache von der Online-Kommunikation negativ beeinflusst wird.

---

3   Chatten: sich auf einer Online-Plattform in Form von Nachrichten unterhalten

2. Unabdingbarkeit und sprachliche Auffälligkeiten

2.1 Unabdingbarkeit des Internets

2.1.1 Digitalisierung

Die 3,2 Milliarden[4] Nutzer des Internets zeigen, dass dieses mittlerweile unabdingbar ist, wofür vor allem die Digitalisierung verantwortlich ist.

Mit der Einführung des Handys zum Ende der 1990er Jahre, war es möglich, zum Einen jederzeit per Mobilfunk zu telefonieren, aber auch sogenannte Kurznachrichten, auch SMS (englisch: „short message service") genannt, zu verschicken.[5]

Eine SMS war die erste, mobile Variante, „die nicht auf Computertechnologie basierte" und eine „Eins-zu-Eins" Unterhaltung ermöglichte (Dürscheid und Frick, 2016, S.37f).

Im Jahr 1992 wurde die erste SMS von dem britischen Ingenieur Neil Papworth an einen Vodafone-Mitarbeiter versendet, jedoch wurde die SMS erst mit der Einführung des Mobilfunkgeräts, oder auch das Handy genannt, populär.[6]

2007 wurde das allererste internetfähige Smartphone, nämlich das *iPhone* vom Hersteller *Apple*, entwickelt und löste somit das Tastenhandy ab, da das Smartphone viel mehr Funktionen zu bieten hatte. Applikationen, Widgets oder auch soziale Netzwerke, wie Facebook, Whatsapp, Twitter und Instagram konnten nun mithilfe des internetfähigen Smartphones jederzeit und überall genutzt werden.

Außerdem haben Unterhaltungen auf Smartphones einen dialog-ähnlichen Charakter, weshalb die Nutzung des Netzwerkes Whatsapp so beliebt ist. Alle Nachrichten werden chronologisch geordnet auf dem Display angezeigt. Zudem wird angezeigt, ob der Kommunikationspartner gerade online ist. [7]

---

4 Vgl. Gatterburg, Angela und Pieper, Dietmar, 2016, S.143
5 Vgl. Dürscheid, Christa und Frick, Karina, 2016, S.37f
6 Vgl. Dürscheid, Christa und Frick, Karina, 2016, S.38
7 Vgl. Dürscheid, Christa und Frick, Karina, 2016, S.40

2.1.2 Beispiel: Instagram

Die Online-Plattform *Instagram* wird jeden Monat von 400 Millionen Menschen genutzt, welche wiederum 80 Millionen Bilder am Tag posten und 2,5 Milliarden *likes*, also Bilder mit einem Herzen versehen, verteilen, da ihnen die Bilder gefallen.[8]

Sehr beliebt sind vor allem Bilder vom letzten Urlaub, vom letzten Restaurantbesuch oder einfach von lustigen Tieren. Hashtags in der Bildbeschreibung, wie *#foodporn* oder *#catsofinstagram* erweitern die Sichtbarkeit der Bilder, da man durch die Suchfunktion auf der Plattform die Bilder unter den genannten Hashtags findet.[9]

Trotz der Bereicherung durch die Aufmerksamkeit und die Anerkennung, bestehen Gefahren, denn die Anerkennung durch likes kann dazu führen, dass eine gewisse Sucht ensteht.

Ständig werden neue Bilder gepostet und Hashtags benutzt, um möglichst viele likes zu erhalten. Gefährlich wird dies vor allem dann, wenn das reale Leben aus dem Fokus gerät und vernachlässigt wird. Bei Jugendlichen fällt dies meistens durch einen Leistungsabfall in der Schule auf, da dieser dann keinen hohen Stellenwert mehr hat.

Die likes ersetzen demnach die fehlende Anerkennung von Familie und Freunden, wodurch dieses Suchtpotenzial provoziert wird.[10]

2.2 Sprachliche Auffälligkeiten der Chatkultur

2.2.1 Orthographie

2.2.1.1 Konsequente Kleinschreibung

Besonders auffällig an der Sprache des Internets, oder auch Chatsprache, ist vor allem die konsequente Kleinschreibung, da diese einem direkt ins Auge sticht. Dieses eher unübliche Phänomen der Schriftkultur, gehört zur Chatkultur und hat eine primäre Funktion.

Die korrekte Groß- und Kleinschreibung wäre schlichtweg zu umständlich auf Netzwerken wie *Whatsapp*, da man in einer dialog-ähnlichen

---

8 Vgl. Gatterburg, Angela und Pieper, Dietmar, 2016, S.143
9 Vgl. Gatterburg, Angela und Pieper, Dietmar, 2016, S.143f
10 Vgl. Gatterburg, Angela und Pieper, Dietmar, 2016, S.144f

Unterhaltung schnell reagieren sollte. In dem Beispiel werden vor allem Substantive, wie „Entscheidung" oder „Wahrheit" klein geschrieben. Anhand der Zeitangabe in der unteren rechten Ecke der Nachricht ist festzustellen, dass die Nachrichten fast simultan abgeschickt wurden.[11]

Demnach ist die konsequente Kleinschreibung ein schnellerer und einfacherer Weg um Nachrichten zu versenden.[12]

2.2.1.2 Konsequente Großschreibung

Im Gegensatz zur konsequenten Kleinschreibung steht die konsequente Großschreibung, welche teilweise metaphorisch gesehen, als schreien aufgenommen wird, jedoch ist dies nicht immer der Fall.

Die Großschreibung eines oder mehrerer Wörter dient zur Verdeutlichung des daliegenden Sachverhalts. Der Leser der Nachricht wird somit auf die Kernaussage der Nachricht gelenkt, da die Großschreibung neben der Kleinschreibung besonders heraussticht und auffällt.[13]

2.2.2 Stilistische Mittel der Chatkultur

2.2.2.1 Emoticons

Im Jahr 1982 erfand Scott Fahlman den allerersten Smiley, welcher lediglich aus einer Klammer, einem Gedankenstrich und einem Doppelpunkt[14] besteht und ein lachendes Gesicht darstellen sollte.[15]

Das nächste Emoticon war der unter Fachkreisen sogenannte "Frowney"[16] (vom englischen „to frown"-seufzen), welcher ein trauriges Gesicht darstellte.

Emoticons sind ein Ersatz für Mimik und Gestik, indem sie ohne Wörter die Stimmungslage, Ironie oder den Sarkasmus in einem virtuellen Gespräch ausdrücken.[17]

2.2.2.2 Emojis

Die neue Generation der Emoticons, nämlich die Emojis, wurden mit der

---

11 Vgl. Siehe Abbildung 2 im Anhang unter 4.1
12 Vgl. Dürscheid, Christa und Frick, Karina, 2016,S.92ff
13 Vgl. Dürscheid, Christa und Frick, Karina, 2016,S.94ff
14 :-)
15 Vgl. Dürscheid, Christa und Frick, Karina, 2016, S.103f
16 :-(
17 Vgl. Heine, Carola, 2001, S.56f

Einführung des Smartphones populär.

Das Wort Emoji setzt sich aus den japanischen Wörtern für Bild („e") und Buchstabe („moji") zusammen, wodurch die Funktion der Emojis[18] bereits in der Bedeutung des Wortes liegt. Zudem gehören Emojis mehr oder weniger zu der logografischen Schrift, da sie unter anderem, wie ägyptische Hieroglyphen oder die chinesische Sprache mit nur einem Zeichen oder Bild ein ganzes Wort darstellen.[19]

Die kleinen Bilder von Tieren, Fahrzeugen oder den typischen Herzen[20] in Netzwerken, wie *Whatsapp* oder *Instagram* haben zwei primäre Funktionen:

- Kommentarfunktion: Emojis als Kompensation für Mimik und Gestik
- Darstellungsfunktion: Ersetzen von Wörtern

Dementsprechend dienen Emojis zur subjektiven Bewertung eines vorliegenden Sachverhalts.[21]

2.2.2.3 Akronyme

Ein weiteres Stilmittel der Chatkultur sind die sogenannten Akronyme (Kurzformen), welche sich vor allem dadurch auszeichnen, dass lediglich die Anfangsbuchstaben verwendet werden, um Wörter, Fragen oder Phrasen abzukürzen.[22]

Zur Zeit der SMS waren Akronyme notwendig, da man nur eine begrenzte Anzahl an Zeichen verwenden durfte, jedoch ist dies heute auf Netzwerken, wie *Whatsapp* nicht mehr nötig, da die Zeichenanzahl nicht begrenzt ist. Dennoch werden Akronyme heute noch gerne verwendet, da sie zeitsparend sind, wodurch eine schnellere Interaktion mit dem Kommunikationspartner möglich ist.[23]

2.2.3 Syntax

Ein weiteres Stilmittel der Chatkultur ist das Auslassen von ganzen Wörtern

---

18 Vgl. Dürscheid, Christa und Frick, Karina, 2016, S.103f
19 Vgl. Reiter, Markus, 2010,S.39f
20 Vgl. Abbildung 3 im Anhang unter 4.1
21 Vgl. Dürscheid, Christa und Frick, Karina, 2016,S.104ff
22 Beispiel: *Habe dich lieb.*-HDL
23 Vgl. Dürscheid, Christa und Frick, Karina, 2016, S.74ff

in Sätzen, wodurch sogenannte Ellipsen entstehen.

Vor allem die Pronomen „ich" und „du" werden konsequent ausgelassen. In dem daliegenden Beispiel[24] wurde in der ersten Nachricht das „du" ausgelassen. Auf dem Nachrichtendienst Whatsapp, ist die Nutzung der Pronomen eher überflüsssig, da es lediglich zwei Kommunikationspartner gibt.

Dennoch ist zu bedenken, dass das Auslassen von Pronomen wie „er, sie" eher zu Verständnisschwierigkeiten führen könnte, da diese Personen nicht direkt an der Unterhaltung beteiligt sind.[25]

Dieses Stilmittel dient vor allem der schnellen Interaktion zwischen den Kommunikationspartnern, da auf Whatsapp die Nachrichten simultan beziehungsweise zeitnah abgeschickt werden.

Demnach besteht zwar auf syntaktischer Ebene ein Fehlen von Wörtern, dennoch fehlt aus kommunikativer Sicht nichts, da die Ellipsen trotzdem im Kontext verständlich sind.[26]

2.3 Folgen der Internetkommunikation

2.3.1 Konsequenzen für die Schriftsprache

Bei der Frage, inwieweit das Internet die Schriftsprache in jeglicher Hinsicht beeinflusst, spalten sich die Meinungen, denn die Öffentlichkeit geht von einem Sprachverfall und die Sprachwissenschaft von einem Sprachwandel aus. [27]

2.3.1.1 Position der Öffentlichkeit

Besonders auffallend ist, dass die Öffentlichkeit der Zukunft der Schriftsprache kritisch gegenüber zu sein scheint. Das Problem besteht vor allem darin, dass eine andere Auffassung von Schreibkompetenz vorliegt, denn für die Öffentlichkeit zählt zur Schreibkompetenz hauptsächlich die sprachliche Korrektheit.

Generell besteht die Angst davor, dass sich das Schreibverhalten Online auf

---

24 Vgl. Abbildung 2 im Anhang unter 4.1
25 Vgl. Dürscheid, Christa und Frick, Karina, 2016, S.83f
26 Vgl. Dürscheid, Christa und Frick, Karina, 2016,S.80ff
27 Vgl. Dürscheid, Christa und Frick, Karina, 2016, S.107f

das normgerechte Schreibverhalten, vor allem, in der Schule übertragen könnte, wodurch von einer „Grammatik- und Orthographiewüste" (Dürscheid und Frick, 2016, S.107) ausgegangen wird.

Viele Leser sind zudem der Ansicht, dass grammatikalische Fehler in der Chatsprache inakzeptabel sind und eine mangelnde Schreibkompetenz aufweisen.

Akronyme auf Plattformen, wie Twitter werden als „Fetzenliteratur" (Dürscheid und Frick, 2016, S.81) bezeichnet, da sie die syntaktische Korrektheit, nämlich vollwertige Sätze, in der Chatkultur ersetzen. Trotz alle dem ist zu bedenken, dass diese Ellipsen der Geschwindigkeit der virtuellen Interaktion dienen und somit ein eigenes Stilmittel dieser Kultur sind.

Besonders kritisiert werden unter anderem Emojis, da sie durch ihre Darstellungsfunktion[28] ganze Wörter ersetzen können.

 Zudem bestehe die Möglichkeit, dass Emojis zu einer neuen Weltsprache werden könnten. Dennoch ist zu bedenken das dies eher unwahrscheinlich ist, da komplexe Sachverhalte nicht nur mit Emojis ausgedrückt werden können.

Deshalb steht fest, dass Emojis eine Sprache lediglich erweitern und nicht ersetzen. [29]

2.3.1.2 Position der Sprachwissenschaft

Die Sprachwissenschaft hingegen geht von einem Sprachwandel aus, da vor allem die Schreibkompetenz anders interpretiert wird, denn für die Sprachwissenschaft zählt die Fähigkeit über die Angemessenheit der Sprache zu entscheiden dazu und nicht nur die Fähigkeit sprachlich korrekt zu schreiben.

Demnach ist es beispielsweise angemessen, in der Schule orthographisch korrekt zu schreiben, jedoch nicht unangemessen, wenn die sprachliche Korrektheit auf Plattformen, wie Whatsapp nicht berücksichtigt wird. [30]

Außerdem bestimme der Zweck des Schreibens, wie angemessen die

28 Siehe 2.2.2.2
29 Vgl. Dürscheid, Christa und Frick, Karina, 2016, S.118f
30 Vgl. Dürscheid, Christa und Frick, Karina, 2016, S:116f

verwendete Sprache ist, da man Fehler auf Whatsapp eher toleriert, als zum Beispiel Fehler in geschäftlichen Emails. Auf Whatsapp wird eher Wert auf die „Prinzipien der Dialogizität und der Gruppenidentität" (Dürscheid und Frick, 2016, S.126f), also eine schnelle und für Gruppen typische Interaktion, gelegt.

Zudem wird davon ausgegangen, dass die neuen Medien den Sprachwandel eher fördern, da täglich neue Wörter hinzukommen und verbreitet werden, wodurch flexibel und kreativ mit der Sprache umgegangen wird.

Des Weiteren fällt auf, dass die Medien die innere Mehrsprachigkeit fördern, da nun verschiedene Dialekte ihren eigenen Raum im Netz finden und sich dort etablieren.

Dementsprechend ist festzuhalten, dass je mehr Medien genutzt werden, desto mehr der Kontakt mit der Sprachenvielfalt unterstützt wird. [31]

2.3.2 Konsequenzen für das Kommunikationsverhalten

Neue Technologien, wie Smartphones, erleichtern unsere Kommunikation erheblich, indem wir schneller, fast zeitnah, Unterhaltungen führen können.

Dennoch besteht das Problem, dass die Online-Welt in den Fokus rückt, wodurch reale Beziehungen vernachlässigt werden können.

Viele Eltern klagen darüber, dass reale Unterhaltungen mit ihren Kindern kaum noch möglich sind, da sie ständig auf Plattformen, wie Whatsapp oder Facebook mit ihren Freunden chatten. Die heutige Jugend wird deswegen auch oft „ Generation-Kopf-unten"(Dürscheid und Frick, 2016, S.132f) genannt, da der Blick ständig auf das Smartphone in der Hand fällt.

Der größte Konflikt besteht darin, dass wir weniger sogenannte „face-to-face"[32] Unterhaltungen, aber umso mehr „screen-to-screen"[33] (Dürscheid und Frick, 2016, S.135) Unterhaltungen führen.

Ein weiteres Phänomen der Chatkultur, nämlich die Angst davor Neuigkeiten zu verpassen oder den Anschluss in Chats zu verlieren, wird auch „fear of missing out" (Dürscheid und Frick, 2016, S.135f) genannt.

31 Vgl. Forster, Iris, 2010, S.54f
32 Von Gesicht zu Gesicht
33 Von Bildschrim zu Bidlschirm, also online

Das Internet, insbesondere die sozialen Netzwerke, wie Facebook oder Whatsapp erzeugen ein gewisses Zugehörigkeitsgefühl, dem man nicht entfliehen möchte, wodurch die Handynutzung stark zunimmt. In extremen Fällen kommt es sogar dazu, dass reale Gespräche durch das Smartphone unterbrochen werden, da man, zum Beispiel auf Whatsapp eine Nachricht erhalten hat.[34]

Außerdem steht bei einem Chat vor allem die Synchronizität im Fokus, wodurch sich, zum Beispiel ein Chat von einer Email unterscheidet. Trotz alle dem ist zu beachten, dass ein Chat ebenfalls kein Telefonat widerspiegelt, obwohl letzteres ebenfalls durch seine Synchronizität gekennzeichnet wird.

Zudem wird im Chat gelesen statt gehört, da die Interaktion durch das Verfassen und Versenden von Nachrichten erfolgt. Demnach wird die Mündlichkeit (die gesprochene Sprache) eines Telefonats durch die Schriftlichkeit (die geschriebene Sprache) einer Nachricht ersetzt.[35]

2.4 Diskrepanz zwischen Chatsprache und schriftlicher Norm

2.4.1 Medium und Konzeption einer Sprache

In der deutschen Sprache wird zwischen Mündlichkeit und Schriftlichkeit stark unterschieden, indem man sie in Medium und Konzeption unterteilt.

Das Medium beschreibt die „Realisationsform der Äußerungen", welche nämlich in „graphisch sichtbar" (schriftlich) oder „phonisch hörbar" (mündlich) unterteilt werden können (Forster, Iris, 2010, S.19).

Die Konzeption hingegen beschreibt die „realisierte Ausdrucksweise", wobei jedoch stets zu beachten ist in welchem Verhältnis die Kommunikationspartner zueinander stehen (Forster, Iris, 2010, S.19).

Mithilfe des Modells von Peter Koch und Wulf Oesterreicher, ist festzuhalten, dass die klare Trennung der Schriftlichkeit und der Mündlichkeit nicht mehr zu vertreten ist. [36]

---

34 Vgl. Dürscheid, Christa und Frick, Karina, 2016, 132
35 Vgl. Forster, Iris, 2010, 20ff
36 Vgl. Siehe Bilderverzeichnis 4.2

Das Modell ist generell in vier Quadrate eingeteilt und beginnt man mit der linken, vertikalen Seite des Modells, so fällt auf, dass dort zum einen in „graphischer Kode" (oben) und „phonischer Kode" (unten) unterteilt wird. [37]

Betrachtet man nun die horizontale, obere Seite des Modells, so ist zu bemerken, dass hier die „Konzeption" in „gesprochen" (links) und „geschrieben" (rechts) unterteilt wird.

Demnach ist anzunehmen, dass ein „Partygespräch" (Forster, Iris, 2010, S.19) unter Freunden zum Quadrat *medial phonisch* und *konzeptionell gesprochen* gehört. Ein wissenschaftlicher Aufsatz hingegen, wird in das Quadrat *medial graphisch* und *konzeptionell geschrieben* eingeordnet.

2.4.2 Medial schriftliche Mündlichkeit

Die angewandte Sprache in Chats wird in das Quadrat *medial graphisch* und *konzeptionell gesprochen* eingeordnet, da stilistische Merkmale, wie Akronyme oder der syntaktisch lückenhafte Satzbau nicht der regelkonformen Schriftsprache entsprechen.

Aufgrund dieser neuen, unüblichen Möglichkeit der Einordnung wird die Chatsprache oft als „Hybrid" (Forster, Iris, 2010, S.70) kategorisiert, da Nachrichten auf Plattformen, wie Whatsapp zwar *medial graphisch* sind, jedoch einen *konzeptionell gesprochenen* Charakter aufweisen. Deshalb wird oft kritisiert, dass die neue Chatsprache die klare Trennung zwischen Mündlichkeit und Schriftlichkeit zunichte macht. [38]

2.4.3 Umgang mit der Diskrepanz

Im Umgang mit diesem Widerspruch zwischen der Chatsprache und der sprachlichen Korrektheit, auch Diskrepanz genannt, ist vor allem der Zweck von Chats und der dadurch entstandenen Chatsprache zu beachten.

Die Chatsprache unterliegt den Werten der Chatkultur, nämlich Geschwindigkeit, und Einfachheit. Sobald das Prinzip der Chatkultur verstanden und angewandt wurde, ist man ein Teil dieser Kultur und sollte deswegen ihre Sprache beherrschen.[39]

---

37 Siehe Modell im Anhang unter 4.1
38 Vgl. Forster, Iris, 2010, 70
39 Siehe 2.2

Somit ist festzuhalten, dass die Chatsprache keinen Hybridcharakter aufweist, da sie im Prinzip eine eigenständige Kultur mit stilistischen Mitteln ist, welche eine kreative Auseinandersetzung mit Normen und Registern (formal oder familär) aufweist. [40]

Der Chat ist also ein Freiraum, in welchem man seiner Kreativität freien Lauf lassen kann, da die Normen und Stile der formalen Schriftlichkeit auf diesen Bereich keinen Einfluss haben. [41]

---

40 Vgl. Forster, Iris, 2010, 87f
41 Vgl. Forster, Iris, 2010, 88f

3. Fazit

3.1 Ertrag der Arbeit

Aus den gewonnen Ergebnissen dieser Arbeit lassen sich folgende Errungenschaften schließen:

Zunächst lässt sich die Frage, weshalb die Nutzung der Online-Kommunikation unabdingbar ist und inwieweit die Sprache dadurch beeinflusst wird, in zwei Bereiche unterteilen. Der erste Teil beschäftigt sich mit der Ursache für die Unabdingbarkeit des Internets und der damit verbundenen Online-Kommunikation.

Die Hauptfaktoren für die Unabdingbarkeit ist die Digitalisierung und die sich ständig neu entwickelnden Technologien mit ihren vielfältigen Funktionen. Mit der Einführung des Smartphones fing das Interesse an diesen neuen Kommunikationsmitteln zu steigen an, wodurch sie heutzutage nicht mehr aus dem alltäglichen Leben weg zu denken sind.

Demzufolge hat sich die zu Beginn gestellte Hypothese bestätigt, da diese die Vermutung nahe legte, dass neue Technologien die Ursache für die Unabdingbarkeit sind.

Der zweite Teil der Frage, beschäftige sich mit der Beeinflussung der Sprache durch die Online-Kommunikation, jedoch ist festzuhalten, dass die Meinungen gespalten sind. Deswegen kann nur eine subjektive Bewertung erfolgen.

Kritisiert wird vor allem von der Öffentlichkeit die fehlende sprachliche Korrektheit, weshalb angeblich ein Sprachverfall die Folge ist. Die Sprachwissenschaft ist jedoch anderer Meinung, denn diese geht von einem Sprachwandel aus.

Außerdem besteht generell, seitens der Öffentlichkeit, die Angst, dass die Sprache verfällt, da Emojis oder Emoticons ganze Wörter ersetzen können. Trotzdem sollte nicht vergessen werden, dass Emojis die Sprache lediglich erweitern und nicht komplett ersetzen.

Zudem bereichern die anderen stilistischen Mittel, wie Akronyme die Sprache statt einen Verfall auszulösen. Der kreative Umgang mit der Sprache führt dazu, dass die Sprache ein flexibles Mittel der Kommunikation ist.

Zwar entspricht die Chatsprache nicht der herkömmlichen Schriftsprache, da sie laut dem Modell von Koch und Oesterreicher eher einen *konzeptionell mündlichen* Charakter aufweist, jedoch liegt dies an den Werten der Chatkultur. Um online eine dialog-ähnliche Unterhaltung zu führen, erfordert es einer schnellen und einfachen Interaktion.

Im Umgang mit der Diskrepanz zwischen Chatsprache und der sprachlichen Korrektheit, geht die Sprachwissenschaft davo aus, dass man über die Fähigkeit verfügen sollte, über die Angemessenheit der Sprache zu urteilen. Orthographische Korrektheit in der Schule oder auf der Arbeit sind angemessen, wohingegen die sprachliche Korrektheit in einem Chat nicht zwingend notwendig und unangemessen ist.

Bezüglich der anfänglich gestellten Hypothese ist festzustellen, dass diese sich nicht bestätigt hat, da davon ausgegangen wurde, dass die Sprache in grammatikalischer Hinsicht beeinflusst werden würde.

Die Chatsprache ist ein eigener Bereich der Sprache, der völlig frei von den herkömmlichen Regeln und Normen ist, wodurch keine Beeinflussung der Grammatik der regelkonformen Schriftsprache besteht.

Dennoch sollte beachtet werden, dass die Chatsprache die Sprache flexibler und kreativer macht, wodurch ein positiver Wandel die Folge ist.

Schlussendlich ist festzuhalten, dass die Digitalisierung der Hauptauslöser der Online-Kommunikation ist, denn ohne diese würde es auch keine Chatkultur mit eigene Werten und stilistischen Mitteln in der Chatsprache geben.

Die Online-Kommunikation wird In der Zukunft nicht an Bedeutung verlieren, da sie ein wichtiger Bestandteil des heutigen Lebens ist. Sehr wahrscheinlich werden neue Technologien einen weiteren Wandel auslösen, welcher dann die Chatkultur entweder verändert oder sogar ablöst.

3.2 Persönlicher Gewinn

Die größte Errungenschaft dieser Arbeit war vor allem das Verstehen des Modells von Peter Koch und Wulf Oesterreicher, denn mit diesem Modell lässt sich jedes Gespräch, jeder verfasste Text in eine Kategorie einordnen und dementsprechend deuten.

Die Tatsache, dass die Chatsprache eine neue, jedoch ungewöhnliche Kombination der möglichen Kategorien hervorruft, zeigt wie wir persönlich die Sprache ständig verändern und neu definieren.

Zudem ist die Position der Sprachwissenschaft besonders einleuchtend, denn der kreative Umgang mit der Sprache macht diese für mich erst dann interessant und lebendig.

Außerdem ist die Interpretation der Schreibkompetenz im Gegensatz zu der Interpretation der Öffentlichkeit besonders von Bedeutung, da vielen nicht bewusst ist, dass nicht nur sprachliche Korrektheit eine gewisse Schreibkompetenz aufweist. Zur Schreibkompetenz gehört durchaus auch die Fähigkeit darüber zu entscheiden, wann es wie angemessen ist regelkonform oder frei zu schreiben.

Eine weitere bedeutsame Erkenntnis ist zudem die Tatsache, dass die Chatkultur eigene stilistische Mittel besitzt. Dies ist sonst eher überraschend, da man sonst Fehler nicht als bedeutsame Mittel der Sprache werten würde.

Des Weiteren hat diese Arbeit mir geholfen einen Einblick in das wissenschaftliche Arbeiten zu erlangen, denn vor allem die Quellenarbeit hat mir geholfen meinen eigenen Horizont zu erweitern oder meine Ideen mithilfe von anderen zu verbessern.

Generell ist festzuhalten, dass dieser Arbeit eine Bereicherung in dem Bereich der Sprachwissenschaft zu verdanken ist, da nun der Bereich der Chatsprache erheblich einleuchtender ist. Außerdem habe ich einen ausführlichen Einblick in das wissenschaftliche Arbeiten erhalten, wodurch sich mein eigener Wissensstand erweitert und verbessert hat.

4. Anhang

4.1 Bilder

Medium		Konzeption	
		gesprochen	geschrieben
	graphischer Kode	<nehm wa mal an> (z. B. in einer *E-Mail*)	<nehmen wir einmal an> (z. B. in einem *wiss. Aufsatz*)
	phonischer Kode	[neːmwɐma'an] (z. B. in einem *Party-Gespräch* unter Freunden)	/neːmən_wɪɐ_ain-mal_an/ (z. B. in einem *wiss. Kolloquium*)

Abbildung 1: Modell von Peter Koch und Wulf Oesterreicher zum Konzept und Medium einer Sprache

Abbildung 2: Whatsapp Screenshot-Beispiel für konsequente Kleinschreibung, Akronyme und den syntaktisch lückenhaften Satzbau

Abbildung 3: Beispiel für Emojis

2. Einleitung

Die heutzutage von vielen Menschen als Revolution erfahrenen vielfältigen Informationsmöglichkeiten nahmen ihren Anfang im 19. Jahrhundert. Die Erfindung des Telegraphen und wenig später des Telefons ermöglichten es, Informationen viel schneller zu verbreiten, da eine Weitergabe nicht mehr von der physischen Präsenz eines Menschen (Nachrichtenträgers) abhängig war. Im letzten Drittel des 20. Jahrhunderts kam das Internet als noch schnellere und umfassendere Informationsquelle hinzu.

[...]

Im Jahre 1967 führte der Medientheoretiker Marshall McLuhan das bis heute oft zu lesende Bild vom „globalen Dorf" ein, und nahm damit die Auswirkungen des Internets als Kommunikationsmittel vorweg:

„Ours is a brand-new world of allatonceness. ‚Time' has ceased, ‚space' has vanished. We now live in a global village [...] a simultaneous happening."[2]

Diese stetige Weiterentwicklung der Medien zieht ein ausdifferenziertes Spektrum von neuen Kommunikationsformen nach sich, die natürlich auch Auswirkungen auf die Sprache haben.

In meiner Arbeit stelle ich zunächst die neuen Kommunikationsformen vor, um dann einige Besonderheiten des Netzjargons und den Zusammenhang zwischen Chat- und Umgangssprache zu erklären. In meinem letzten Gliederungspunkt beschäftige ich mich mit der Frage nach den Auswirkungen der neuartigen Kommunikationsformen auf die Sprache und bewerte diese Entwicklung.

2 McLuhan, Marshall und Quentin Fiore: The Medium is the Message. [New York]. S. 63

Inhalt
Die Einleitung enthält die Begründung oder Eingrenzung des Themas, hier muss der Kerngedanke/Schwerpunkt der Themenstellung genannt werden.

Für die Formulierung der Einleitung gibt es verschiedene Möglichkeiten.
So kann man ausgehen von
- einem aktuellen Anlass (Tageszeitung),
- einem Beispiel, z.B. aus dem Alltag,
- einem eigenen Erlebnis, sofern dieses für die Arbeit relevant ist,
- einem Gegensatz,
- einer Definition zentraler Begriffe,
- dem geschichtlichen Hintergrund (siehe Beispiel),
- einem Zitat, einem Sprichwort, einer Redensart,
- der unterschiedlichen Beurteilung eines Sachverhalts durch verschiedene Gruppen.

Danach sollte die Gliederung kurz beschrieben werden.

Abbildung 4: URL 1

Abbildung 5: URL 2

❝ „Einst lebten wir auf dem Land, dann in Städten und von jetzt an im Netz."

Mark Zuckerberg, Film „The social Network"

❝ „Das Internet ist wie eine Welle. Entweder man lernt, auf ihr zu schwimmen, oder man geht unter."

Bill Gates, Microsoft Gründer

4.1 Literaturverzeichnis

DÜRSCHEID, CHRISTA und FRICK, KARINA: Schreiben digital: Wie das Internet unsere Alltagskommunikation verändert. Stuttgart 2016. 1. Auflage

HEINE, CAROLA: Chatten: Alles über Chatsysteme, Communities und die Netzkultur. Würzburg 2001. 1.Auflage.

GATTERBURG, ANGELA und PIEPER, DIETMAR: Das Geheimnis guter Kommunikation: In der Liebe, im Beruf, in der beruflichen Welt. München 2016. 1.Auflage.

FORSTER, IRIS: Deutsche Gegenwartssprache: Globalisierung , neue Medien, Sprachkritik; für die Sekundarstufe II. Stuttgart 2010. 1.Auflage

REITER,MARKUS: Dumm 3.0: Wie Twitter, Blogs und Networks unsere Kultur bedrohen. Gütersloh 2010. 1.Auflage

URL 1: SCHÜRRMANN, RICHARD: Muster Facharbeit. Unter: https://www2.klett.de/sixcms/media.php/229/DO01_3-12-803701_online_mg696n.pdf (Abrufdatum: 17.10.2017)

URL 2: KOKOSKA, KATHARINA: Die 42 besten Zitate über das Internet. Unter: http://www.frisch-gebloggt.de/internet/die-42-besten-zitate-ueber-das-internet/ (Abrufdatum: 17.10.2017)

4.2 Bilderverzeichnis

1.Abbildung: FORSTER, IRIS: Deutsche Gegenwartssprache: Globalisierung , neue Medien, Sprachkritik; für die Sekundarstufe II. Stuttgart 2010

2.Abbildung: Unter: http://www.imgrum.org/media/1014198273079498008_2068988572 (Abrufdatum: 28.10.2017)

3.Abbildung: Unter: http://www.chip.de/news/Emojis-statt-Buchstaben-Diese-Tastatur-setzt-auf-Icon-Kommunikation-77203243.html (Abrufdatum: 28.10.2017)